LES PHILOSOPHES,

COMÉDIE.

ACTEURS.

CYDALISE,	Mlle Dumesnil.
ROSALIE,	Mlle Hus.
DAMIS.	M. de Bellecourt.
VALERE,	M. Grandval.
THEOPHRASTE,	M. Brisard.
DORTIDIUS,	M. Dubois.
MARTON,	Mlle. Dangeville.
CRISPIN,	M. Préville.
M. PROPICE, *Colporteur,*	M. Durancy.
M. CARONDAS,	M. Armand.

La Scene est à Paris.

LES PHILOSOPHES,

COMÉDIE,

EN TROIS ACTES, EN VERS.

Repréſentée pour la première fois par les Comédiens François ordinaires du Roi, le 2 Mai 1760.

Par M. PALISSOT DE MONTENOY, de pluſieurs Academies.

*Non nos, odium, regni que cupido,
Compulit ad bellum.*

Ovid. Métamorphoſ. liv. v.

Le prix eſt de trente ſols.

À PARIS,

Chez DUCHESNE, Libraire, rue S. Jacques, au-deſſous de la Fontaine S. Benoît, au Temple du Goût.

MDCCLX.

Avec Approbation & Privilège du Roi.

LES PHILOSOPHES

COMÉDIE.

XXXXXXXXXXXXXXXXXXXXXXXXXXX

ACTE PREMIER.

SCENE PREMIERE.

DAMIS, MARTON.

DAMIS.

On , je ne reviens pas d'un sembla-
ble vertige.
Rompre un hymen conclu !

MARTON.

Tout est changé, vous dis-je.

A

DAMIS.

Mais encor ?

MARTON.

Mais encor, vous êtes Officier ;
Notre projet n'est pas de nous mésallier.
Nous voulons un Mari taillé d'une autre étoffe;
En un mot, nous prenons un Mari Philosophe.

DAMIS.

Que me dis-tu , Marton ?

MARTON.

Je vous étonne fort ;
Mais ne savez-vous pas que les absens ont tort?
Trois mois ont operé bien des Métamorphoses:
Peut-être dans trois mois verrons-nous d'au-
tres choses.
Vous pourrez reparaître alors avec succès ;
Mais jusques-là , néant. En dépit du procès
Qui devait se finir par votre Mariage ,
Sans appel aujourd'hui la pomme est pour le
sage.

DAMIS.

Le moyen que l'on change ainsi dans un moment !

MARTON.

Toute Femme eſt, Monſieur, un animal chan-
   geant.
On pourrait calculer les jours de Cydaliſe ;
Par les différents goûts dont ſon ame eſt
   épriſe :
Quelquefois étourdie, enjouée à l'excès,
D'autres fois ſérieuſe, & boudant par accès ;
Coquette, s'il en fut, en ſauvant le ſcandale,
Prude à nous étourdir de ſon aigre morale ;
Courant le Bal la nuit, & le jour les Sermons ;
Tantôt les Beaux Eſprits, & tantôt les Bouf-
   fons.
C'étoit-là le bon tems. Mais aujourd'hui que
   l'age
Fait place à d'autres mœurs, & veut uń ton
   plus ſage,
Madame a depuis peu réformé ſa maiſon.
Nous n'extravaguons plus qu'à force de raiſon.
D'abord on a banni cette gaité groſſiere,
Délices des Traitans, aliment du Vulgaire ;
A vos ſoupés décens tout au plus on ſourit.
Si l'on s'ennuie, au moins c'eſt avec de l'Eſprit.
A ij

Quelquefois on admet, au lieu de Vaudevilles,
De favans Concertos, de grands airs difficiles;
Car il faut bien encore un peu d'amufement.
Mais notre fort, Monfieur, c'eft le raifonne-
    ment.
Quelque tems, dans le cercle, on parla Poli-
    tique;
Enfin tout difparut fous la Métaphyfique.

DAMIS.

Quelque chargé que foit ce bizarre tableau,
Je livre Cydalife aux traits de ton pinceau;
Je m'en rapporte à toi. Mais que fait Rofalie?

MARTON.

Ce que nous faifons tous, Monfieur; elle s'en-
    nuie.

DAMIS.

Aux vœux de mon Rival fon cœur s'eft-il
    rendu?

MARTON.

Non, ce cœur eft à vous. L'Amour l'a défendu
Contre tous les projets d'un Rival téméraire;
Mais votre fort dépend de l'aveu d'une Mere,

Enforcelée au point que je n'ai plus d'espoir.
Pardonnez-moi ce mot ; je vois comme il faut
    voir.

DAMIS.

Elle fut mon Amie, & je me flatte encore...

MARTON.

Le Bel Esprit, Monsieur, est tout ce qu'elle
    adore.
C'est une maladie inconnue à vingt ans ;
Mais bien forte à cinquante. Encore avec le
    tems,
On pourrait espérer un retour de sagesse,
S'il en était quelqu'un contre cette faiblesse,
Quand à certains dégrés elle a fait des progrès.
Dans les commencemens, moi - même j'es-
    pérais ;
Mais sachez tous vos maux & ceux qui vont
    les suivre.
Entre nous. ..

DAMIS.

Hé bien ? Quoi ?

MARTON.

    Madame a fait un Livre.

DAMIS.

Bon !
               A iij

MARTON.

Qui même à préfent s'imprime *incognitò*.

DAMIS.

Quelque brochure ?

MARTON.

Non : un volume *in*-quarto.

DAMIS.

Je lui confeille fort de garder l'anonyme.

Mais, dans ces beaux Efprits que Cydalife
     eftime,

N'en eft-il donc aucun affez droit, affez franc,

Pour lui montrer l'excès d'un travers auffi
     grand ;

Pour la défabufer ?

MARTON.

       Eux ! ils fe moquent d'elle ;

Ils ont tous confpiré de gâter fa cervelle ;

Sur-tout votre Rival. Comme il connaît fon
     goût,

Il ne fe borne pas à l'applaudir en tout ;

Il la fait admirer par Meffieurs fes femblables,

Tous Charlatans adroits, & Flatteurs agréa-
     bles,

Ravis de préfider dans fa Société,

D'y porter leurs erreurs, & faifant vanité

De dominer ici fur un efprit crédule,
Qu'ils ont l'art d'aguerrir contre le ridicule.
DAMIS.
Et ce font-là, dis-tu, des Philofophes?
MARTON.
Oui ;
Du plus grand air encor. Paris en eft rempli.
Mais pour établir mieux leur crédit chez Ma-
    dame ,
Et pour mieux pénétrer jufqu'au fond de fon
    ame ,
Ils nomment aux emplois vacans dans la mai-
    fon.
Leur choix, toujours guidé par la faine raifon,
Quel qu'il foit, à Madame eft toujours fûr de
    plaire.
Je foupçonne pourtant un certain Sécretaire,
Reçu par Cydalife à titre de Savant,
De n'avoir d'autre emploi que celui d'intri-
    gant,
De recéler un fourbe, & d'être ici pour caufe ;
Mais enfin, tôt ou tard , j'éclaircirai la chofe.
DAMIS.
Quel motif as-tu donc pour en juger fi mal?

MARTON.

Ou je me trompe fort, ou c'eſt votre Rival
Qui pour ſervir ſes feux ici l'impatroniſe.

DAMIS.

Quel homme eſt-ce ?

MARTON.

Un fripon affectant la franchiſe,
Et pourtant, m'a-t-on dit, natif de Pézenas,
Titré du nom pompeux de Monſieur Caron-
    das,
Reconnu pour Savant, du moins ſur ſa parole,
Tout hériſſé de Grec & de termes d'Ecole,
Plaçant à tout propos ce bizarre jargon,
Et nous citant ſans ceſſe Homere ou Lyco-
    phron.

DAMIS, *riant.*

Ha, ha, ha, ha, ha, ha.

MARTON.

Je peins d'après nature.

DAMIS.

Ce Monſieur Carondas eſt de mauvaiſe au-
    gure ;
Mais avec ton ſecours & celui de Criſpin.....

MARTON.

Quoi! Crispin est ici?

DAMIS.

Vraiment oui. Mon dessein
Etait de vous unir ; tu le fais, & j'espere
Que tu me serviras de ton mieux.

MARTON.

Laissez faire.
Crispin est fort adroit ; j'en tirerai parti.

DAMIS.

Je compte sur tes soins.

MARTON.

Oh! Monsieur, comptez-y.
Je déclare la guerre à la Philosophie.

DAMIS.

Je te devrai, Marton, le bonheur de ma vie.
Mais... ne puis-je un moment?...

MARTON.

Ah! je vous vois venir.
Tenez, Monsieur ; l'Amour a sû vous prévenir:
On vient ; c'est Rosalie.

SCENE II.

ROSALIE, MARTON, DAMIS.

DAMIS.

Aprés trois mois d'abſence,
Quand je reviens ici, guidé par l'eſpérance,
Réclamer une foi promiſe à mon ardeur,
On m'apprend qu'un rival, jaloux de mon
       bonheur,
Oſe me diſputer le ſeul bien où j'aſpire,
Qu'avec lui, contre moi, votre mere conſpire.
Ah ! raſſurez du moins mon cœur déſeſperé.

ROSALIE.

Doutez-vous que le mien en ſoit moins pé-
       nétré ?
Je vois avec douleur ce changement extréme,
Je ſouffre autant que vous ; mais enfin je vous
       aime.

A ce titre du moins quelque espoir m'est per-
    mis.
Qui pourrait résister à deux amans unis ?
Ma mere vous aimait. En vous voyant, peut-
    être,
Dans son cœur combattu, l'amitié va renaître.
Sur ce cœur autrefois j'avais plus de pouvoir,
Je le sçais ! c'est à vous, Damis, de l'émou-
    voir ;
Allez, & pour combler le bonheur que j'es-
    pere ,
Que je vous doive encor les bontés de ma mere.

MARTON.

Beaux sentimens ! mais moi je ne m'y fierais
    pas.

ROSALIE.

Laisse-moi mon erreur.

MARTON.

        Non : c'est par des combats
Qu'il faut à la raison ramener Cydalise.

DAMIS.

Encore est-il permis de tenter l'entreprise.

MARTON.

Oui ; c'eſt un beau moyen, des ſoupirs & des
  pleurs !
Oh ! la Philoſophie endurcit trop les cœurs.

ROSALIE.

Je ne l'aurais pas cru! mais pourtant, ſi ma mere
M'immolait ſans retour aux deſſeins de Valere,
Si ce projet enfin était bien averé,
Pourquoi juſqu'à préſent n'eſt-il pas déclaré?
Qui peut la retenir ?

MARTON.

        J'entrerais en colere.
Elle n'a pas encor fait venir le Notaire,
Il eſt vrai ; les témoins ne ſont pas invités,
Daccord; il manque auſſi quelques formalités,
J'y conſens ; il ſe peut d'ailleurs que la journée
Ne ſoit pas fixément encor déterminée ;
J'en conviens. Cependant ne ſouffre-t-elle pas
L'hommage aſſez public qu'il rend à vos appas?
N'en êtes-vous pas même à toute heure ob-
  ſedée ?
Mais non ; je me trompais : ce n'était qu'une
  idée.

ROSALIE.

Hélas ! peux-tu, Marton, me défoler ainfi ?

MARTON.

J'avais rêvé.

DAMIS.

Marton….

MARTON.

Contes que tout ceci,
Propos en l'air.

DAMIS.

Marton….

MARTON.

Vifion chimérique,
Abfurde.

ROSALIE.

Mais, Marton…..

MARTON.

Non, c'eft terreur panique,
Illufion, vous dis-je.

ROSALIE.

En vérité, Marton,
Ce cruel badinage eft bien peu de faifon.

MARTON.

J'avais tort.

ROSALIE, *faisant un mouvement pour sortir.*
Tu pourſuis ? Hé bien ! je....
DAMIS, *l'arrêtant.*

Roſalie.

ROSALIE.
Non, Monſieur, c'en eſt trop.
DAMIS.
Demeurez , je vous prie.
MARTON.
Ah ! vous vous fâchez donc ? Vraiment, c'eſt
    très-bien fait.

Mais raiſonnons un peu. Dites-moi , s'il vous
    plaît ,

Fallait-il vous tromper ? Je ſçais bien que le
    doute

Suſpend l'impreſſion des maux que l'on re-
    doute ,

Qu'il eſt très-naturel d'éloigner le danger ,

Et de rendre toujours ſon fardeau plus leger.

Moi-même à vous flatter je ſerais la premiere.

J'aurais ſoin de fermer les yeux à la lumiere ,

Sans l'intérêt preſſant qui me parle pour vous.

Pardonnez ; mais, ma foi, les amans ſont des
    foux.

Tranquilles sans raison, désespérés sans cause,
Dans un juste équilibre aucun ne se repose,
Et le sang froid souvent les conseille bien
    mieux,
Que cet Amour qu'on peint un bandeau sur
    les yeux.

DAMIS.

Comment! Voilà, parbleu, de la Philosophie!

MARTON.

On apprend à heurler, dit-on, de compagnie,
En fréquentant les loups. Le proverbe a raison.
C'est un mal répandu dans toute la maison,
Mais perdons un moment cette idée impor-
    tune?

(A Rosalie.)

Çà, faisons notre paix. Vous serez sans ran-
    cune?
Vous me le promettez?

ROSALIE.

Oh! je te le promets.

MARTON.

Et moi d'être attentive à tous vos intérêts.
Vous, Monsieur, qui sans soins & sans
    trouble dans l'ame,
Passeriez votre vie à regarder Madame,

Il faut battre en retraite, & même promp-
    tement.
Songez qu'il eſt grand jour dans cet apparte-
    ment,
Que nous pourrions ici riſquer quelque ſurpriſe,
Et qu'il faut vous montrer dabord à Cydaliſe,
Avant que de penſer à d'autres rendez-vous.

DAMIS.

Je cours m'y diſpoſer, dans un eſpoir ſi doux.
Je remets en tes mains le bonheur de ma vie.
Vous que j'adore, adieu, ma chere Roſalie.

SCENE III.

ROSALIE, MARTON.

MARTON.

VOus, ſoyez ſans foibleſſe. Allons, point
    de langueur.
La fermeté, Madame, en impoſe au malheur.

ROSALIE.

Si tu pouvois ſentir combien je hais Valère !

MARTON.

Oui : Damis ſort d'ici. Mais c'eſt à votre mère

Qu'il importe furtout de parler avec feu.
Si vous aimez Damis, ce fut de fon aveu ;
Je le fuppofe au moins.

ROSALIE.

Certainement.

MARTON.

Les Filles

Ne font rien, comme on fait, fans l'avis des
    familles,
C'eft la régle. Il faut donc déclarer fans détour
Pour l'un tous vos mépris, pour l'autre votre
    amour.

ROSALIE.

Oh ! oui.

MARTON.

Vous fentez-vous cette fermeté d'ame ?

ROSALIE.

Affurément, Marton.

MARTON, *malignement.*

Allons, j'entens Madame.

ROSALIE, *effrayée.*

Ah ! Marton. . . .

MARTON.

Comment donc ! c'eft très bien débuter.
Cela promet.

ROSALIE.

Aussi, pourquoi m’épouvanter ?
L’Amour dans le besoin me rendra du courage.

MARTON, *la contrefaisant.*

L’Amour ! oui vous ferez tous deux de bel ou-
vrage.
Il y parait vraiment , à cet air d’embarras ,
Qu’un mot dit au hazard . . .

ROSALIE.

Mais enfin tu verras,

MARTON.

Ce n’est point à l’Amour à vous tirer de peine,
Il est trop mal adroit. Pensez à votre haine ;
Voilà le sentiment qui doit vous inspirer ,
Dont il est important de vous bien pénétrer.
Je ne sais si l’amour, que d’ailleurs je révére ,
Est de nos passions en effet la plus chere ;
Mais ce n’est que faiblesse , & que timidité.
La haine n’est qu’ardeur & que vivacité.
L’un abbat, l’autre anime, & dans un cœur
femelle ,
Ma foi, je la croirais beaucoup plus naturelle.
Vous ne connaissez pas encor ce sentiment.
Que votre cœur l’éprouve aujourd’hui seule-
ment.

Tenez, j'aime Crispin, & je sens pour Valère...
Mais, ce n'est plus un jeu, j'apperçois votre
mere.

ROSALIE.

Tu me soutiendras ?

MARTON.
Oui.

SCENE IV.

CYDALISE, ROSALIE, MARTON.

CYDALISE.

RETIREZ-vous, Marton.
Prenez mes clés, allez renfermer mon Platon.
De son monde idéal j'ai la tête engourdie.
J'attendais à l'instant mon Encyclopédie;
Ce Livre ne doit plus quitter mon Cabinet.

A Rosalie.

Vous, demeurez; je veux vous parler en secret.

A Marton.

Laissez-nous.

MARTON, *à Rosalie.*

Allons, ferme, & montrez du courage.

CYDALISE.

Obéissez, Marton.

SCENE V.

CYDALISE, ROSALIE.

CYDALISE.

Vous êtes belle & sage,
Rosalie, & pour vous j'eus toujours des bontés.
Je vais connaître enfin si vous les méritez.
Je ne consulte point ce sentiment vulgaire,
Amour de préjugé, trivial, populaire,
Que l'on croit émané du sang qui parle en nous,
Et qui n'est, dans le fond, qu'un mensonge assez
　　doux,
Une faiblesse...

ROSALIE.

Hé quoi ! la voix de la nature,
Quoi ! cette impression si touchante & si pure,

Ce premier des devoirs, cet augufte lien,
(Je définirai mal ce que je fens fi bien,)
N'importe, fe peut-il que le cœur de ma mère
Méconnaiffe aujourd'hui ce facré caractère ?
Ah ! rappellez pour moi vos fentimens paffés.
En les analyfant, vous les affaibliffez.

CYDALISE.

J'ai cru, tout comme une autre, à ces vaines
    chimeres,
Dignes du gros bon-fens qui conduifait nos
    péres.
Crédule, heureufe même en mon aveugle-
    ment,
Automate abufé, je fuivais le torrent.
Je commence à fentir, à penfer, à connaître.
Si je vous aime enfin, c'eft en qualité d'*Etre* :
Mais vous concevez bien qu'un autre individu
N'aurait à mes bontés qu'un droit moins
    étendu.

ROSALIE.

Vous déchirez mon cœur. Ah ! permettez,
    Madame,
Souffrez qu'à vos genoux votre fille réclame

Un droit plus légitime & des titres plus doux.
Pourquoi brifer les nœuds qui m'attachaient à
     vous ?
Jugez de leur pouvoir à mon trouble, à mes
     larmes.

       CYDALISE, *un peu émue.*

Ma fille !… Hé quoi ! pour vous l'erreur a tant
     de charmes !
Vous me faites pitié. Confultez la Raifon.
Ces puérilités ne font plus de faifon.
Je reconnais vos droits fur le cœur d'une mère ;
Mais je les annoblis, & fi je vous fuis chère,
Si j'ai fur vous aufli quelques droits à mon
     tour
J'en exclus le hazard , qui vous donna le jour.

       ROSALIE.

Je ne puis foutenir ce funefte langage.
Il fait à toutes deux un trop fenfible outrage.
Qui ? Moi ! Le penfez-vous, que je puiffe jamais
Oublier que ma vie eft un de vos bienfaits ?
Non…

       CYDALISE.

Le foin que j'ai pris de votre intelligence
Doit mériter , fur-tout, votre reconnaiffance ;

Voilà le digne objet où tendent tous mes
    vœux.

Vous apprendre à penfer, voilà ce que je veux.
Conçevez le bonheur d'étendre fon génie,
D'ouvrir l'œil aux clartés de la Philofophie,
De diffiper la nuit où vos fens font plongés,
D'affranchir votre efprit du joug des préjugés!
Ce grand art d'exifter, qui n'appartient qu'au
    fage,
Dont je connais enfin le folide avantage,
Ce jour de la Raifon, dont j'ai fû m'éclairer,
Ma Fille, mon amour veut vous le procurer.

J'avais avec Damis conclu votre hyménée.
De legers intérêts m'avaient déterminée.
Des rapports de fortune, un procès à finir,
Je me fouviens qu'alors tout femblait vous
    unir.
C'eft ainfi que fe font la plûpart des affaires;
Mais enfin, aujourd'hui je romps ces nœuds
    vulgaires.
Damis a du bon fens, des vertus, de l'honneur,
Il a ce que le monde exige à la rigueur :

Tout mortel n'eſt pas fait pour aller au ſu-
    blime ;

Dans le fond , cependant, on lui doit de l'eſ-
    time :

Mais je vous dois auſſi , ma fille , un autre
    Epoux ,

Beaucoup plus convenable & plus digne de
    vous.

Valere a ce qu'il faut pour plaire & pour ſé-
    duire ,

C'eſt peu de vous aimer , il ſçaura vous inſ-
    truire ;

En un mot , c'eſt de lui que mon cœur a fait
    choix.

ROSALIE.

Ainſi , vous oubliez que Damis autrefois

Eut votre aveu , Madame, & celui de mon
    pere ?

CYDALISE.

Votre pere ! il eſt vrai que je n'y ſongeais
    guere.

Plaiſante autorité que la ſienne en effet !

L'Etre le plus borné que la nature ait fait.

Nul

Nul talent, nul essor, espece de machine
Allant par habitude, & pensant par routine,
Ayant l'air de rêver & ne songeant à rien,
Gravement occupé du détail de son bien,
Et de mille autres soins purement domes-
    tiques ;
Défenseur ennuyeux des préjugés gothiques,
Sauvage dans ses mœurs, alliant à la fois
La morgue de sa robe au ton le plus bourgeois ;
Ne s'énonçant jamais qu'avec poids & mesure,
Et qui toujours grimpé sur la magistrature,
Hors de son tribunal, aurait cru déroger ;
Ayant, comme Dandin, la fureur de juger.
Mais il est mort enfin, laissons en paix sa
    cendre.

ROSALIE.

Ah ! Madame, songez....

CYDALISE.

          Allez-vous le défendre ?
Un pere n'est qu'un homme, & l'on peut sen-
    sément
Remarquer ses défauts, en parler librement.

ROSALIE.

Si ce sont-là les droits de la Philosophie,

Souffrez que j'y renonce,& pour toute ma vie.
Je perdrais trop, Madame, à m'éclairer ainſi;
J'oſe vous l'avouer. Daignez permettre auſſi
Qu'en faveur de Damis je vous rappelle encore
Vos premieres bontés que votre fille implore.

CYDALISE.

Non, Valere eſt l'Amant que j'ai choiſi pour
    vous,
Ma fille, & dès ce ſoir il ſera votre Epoux.
Ces nœuds embelliront le cours de votre vie.
Quant à vos préjugés ſur la Philoſophie,
Contre eux, à mon exemple, il faut vous
    aguerir.
Le tems & la raiſon ſauront vous en guérir.
Vous êtes dans cet âge où l'on commence à
    vivre,
Tout fait ombrage alors; mais vous lirez mon
    livre.
J'y traite en abrégé de l'Eſprit, du bon ſens,
Des paſſions,des Loix,& des Gouvernemens;
De la vertu, des mœurs, du climat, des
    uſages,
Des peuples policés & des peuples ſauvages;

Du désordre apparent, de l'ordre univerſel,
Du bonheur idéal & du bonheur réel.
J'examine avec ſoin les principes des choſes,
L'enchaînement ſecret des effets & des cauſes.
J'ai fait exprès pour vous un chapitre profond,
Je veux l'intituler : *Les devoirs tels qu'ils ſont*
Enfin, c'eſt en morale une Encyclopédie,
Et Valere l'appelle un Livre de génie.
Vous ſerez trop heureuſe avec un tel Epoux.
Un jour vous connaîtrez ce que je fais pour
       vous ;
Vous m'en remercîrez. Adieu, Mademoiſelle,
Songez à m'obéir.

SCENE VI.

ROSALIE, MARTON.

ROSALIE, *ſans voir Marton.*

QUELLE douleur mortelle !
Que réſoudre? Que faire? Ah ! te voilà, Marton.

MARTON.

Oui, j'ai tout entendu. Mais quelle déraiſon !

B ij

Quel travers !

ROSALIE.

Je n'ai plus qu'à mourir.

MARTON.

Badinage :
Mourir ! Vous vous moquez , & ce n'est plus
    l'usage.
On ne le souffre pas même dans les Romans.

ROSALIE.

Mais enfin....

MARTON.

Calmez-vous , & reprenez vos sens.
Cette crise , après tout , vous l'aviez attendue ?

ROSALIE.

Mon ame en ce moment n'en est pas moins
    émue.

MARTON.

Présumez vous si peu du succès de mes soins ?

ROSALIE.

Ah ! Marton....

MARTON.

Commencez par vous affliger moins.
Si vos vœux sont comblés , dites-moi , je vous
    prie ,
A quoi ce beau chagrin vous aura-t-il servie ?

ROSALIE.

Oui, si tu réussis ; mais qui m'en répondra ?

MARTON.

Vous pleurerez alors autant qu'il vous plaira ,
Je vous aiderai même , & n'aurai rien à dire ;
Mais jusqu'à ce moment, qui vous défend de
    rire ?
A tout événement, c'est toujours fort bien fait,
Et quand tout irait mal , je crois qu'il le fau-
    drait.
Du moins c'est mon humeur. Le chagrin m'in-
    commode.
Je le crois inutile , & j'en suis l'antipode.
C'est à quoi dans la vie il faut le moins songer,
Et l'on a toujours tort, quand on veut s'affliger.
    Mais allons concerter quelque heureuse
    saillie ,
Venez, & nous verrons si la Philosophie ,
Quelque soit son crédit , pourra dans ce grand
    jour
Tenir contre Marton, & Crispin, & l'Amour.

Fin du premier Acte.

ACTE II.

SCENE PREMIERE.

VALERE, M. CARONDAS.

VALERE.

FRONTIN.

M. CARONDAS.

Ce maudit nom fera quelque méprife,
Je vous l'ai déjà dit, & devant Cydalife
Il vous arrivera de me nommer ainfi.
Frontin! pour un Savant le beau nom! fongez-y,
Monfieur, il ne faudrait que cette étourderie
Pour donner du deffous à la Philofophie.

VALERE.

D'accord.

M. CARONDAS.

Il faut d'ailleurs fupprimer entre nous
Les tons trop familiers, puifqu'enfin, felon
vous,

Les hommes font égaux par le droit de nature,
Je fuis, quoique Frontin, votre égal.

VALERE.

Je te jure
Que c'eft mon fentiment.

M. CARONDAS.

Moi, je l'approuve fort.
J'avais toujours penfé que les Loix avaient
    tort ;
Et même Cydalife, en un certain Chapitre,
Ne prouve point trop mal à mon gré...

VALERE.

Le beau titre
Que l'avis d'une folle à qui dans un moment
On ferait adopter tout autre fentiment ;
Qui ne fçait que des mots, & n'a rien dans la
    tête.

M. CARONDAS.

Mais entre nous, Monfieur, fon Livre eft-il
    fi bête ?

VALERE.

Pitoyable.

M. CARONDAS.

Le ftile....

VALERE.

Ennuyeux à l'excès.

M. CARONDAS.

Vous la flattez pourtant du plus brillant succès.

VALERE.

Sans doute.

M. CARONDAS.

Et le Public ?

VALERE.

Nous savons lui prescrire
Comment il faut penser, parler, juger, écrire;
Nous le déciderons aisément.

M. CARONDAS.

D'accord ; mais
Il faut l'apprivoiser, le flatter.

VALERE.

Non , jamais.
Il est, pour le gagner, des méthodes plus sûres.

M. CARONDAS.

Le moyen ?

VALERE.

Par exemple , on lui dit des injures.
C'est un expédient par nos Sages trouvé ;
Le secret est certain, nous l'avons éprouvé.
Dans peu, tu le verras toi-même avec surprise,

Nous porterons aux Cieux le nom de Cydalise;
Cinq ou six traits hardis, révoltans, scandaleux,
Produiront dans son Livre un effet merveil-
  leux.
Il faut les ajouter.
M. CARONDAS.
        Bon ! la ruse est nouvelle ?
Et comment lui prouver que ces traits-là sont
  d'elle.
VALERE.
Et le reste en est-il ? D'abord avec pudeur
Elle s'en défendra, puis s'en croira l'Auteur.
M. CARONDAS.
Je ne sais ; mais pour moi, je rougirois dans
  l'ame....
VALERE.
As-tu donc oublié que Cydalise est femme ?
Crois-moi, suppose encore un piége plus gros-
  sier ,
L'amour propre est crédule, & l'on peut s'y fier.
Les femmes sur ce point sont même assez sin-
  ceres.
M. CARONDAS.
Messieurs les beaux esprits ne leur en doivent
  gueres.   B v

Mais enfin vous croyez qu'avec cinq ou six
      traits
Nous devons nous attendre au plus heureux
      succés ?
VALERE.

Sans doute, & cette idée, entre nous, n'est
      pas neuve.
Le Livre de Cratès n'en est-il pas la preuve ?
Jamais production ne prit un tel essor.
Chacun se l'arrachait, on se l'arrache encor:
Pour Livre dangereux partout on le renomme,
Et pourtant nous savons que Cratès est bon
      homme.

M. CARONDAS.

Il est vrai.
VALERE.

      Cydalise aura plus de faveur.
On ne juge jamais son sexe à la rigueur.
Quelques-uns de ces traits qu'on se dit à l'o-
      reille,
Au Public hébété feront crier merveille !
Je veux que Cratès même en devienne jaloux,
Et rien n'est plus aisé, nous la protégeons tous.

M. CARONDAS.

Hé bien, quoique nourri, Monsieur, à votre
  école,
J'avais, tout bonnement, admiré sur parole
Et l'ouvrage & l'Auteur. Car enfin, mot à mot
Elle n'a rien écrit que d'après vous.

VALERE.

       Le sot !

M. CARONDAS.

Mais pour ces beaux endroits ajoutés à son
  Livre,
Si les Loix s'avisaient, Monsieur, de nous
  poursuivre.

VALERE.

Elle aurait le plaisir de s'entendre louer ;
N'est-ce rien ? Quitte après à tout désavouer.
D'ailleurs l'amour du vrai va jusqu'à l'hé-
  roïsme.
Ces grands mots imposans d'*erreur*, de *fana-*
  tisme,
De *persécution*, viendraient à son secours.
C'est un ressort usé qui réussit toujours.
N'avons-nous pas encor l'exemple de Socrate
Opprimé, condamné par sa Patrie ingrate ?
Tous nos admirateurs parleroient à la fois.

      B vj

M. CARONDAS.

Mais , Monſieur , ce Socrate obéiſſait aux
    Loix.

VALERE.

Oui , la Philoſophie encor dans ſon enfance
Des préjugés du moins conſervait l'appa-
    rence ;
Mais nous n'en voulons plus.

M. CARONDAS.

      Tout devient donc permis?

VALERE.

Excepté contre nous & contre nos amis.

M. CARONDAS.

Vive le bel Eſprit & la Philoſophie !
Rien n'eſt mieux inventé pour adoucir la vie.

VALERE.

Comment ! ſur des rochers on plaçait la Vertu ?
Y grimpait qui pouvait. L'homme était mé-
    connu.
Ce Roi des animaux , ſans guide & ſans bouſ-
    ſole ,
Sur l'Océan du monde errait au gré d'Eole ;
Mais enfin nous ſavons quel eſt ſon vrai mo-
    teur.

L'homme eſt toujours conduit par l'attrait du
      bonheur,
C'eſt dans ſes paſſions qu'il en trouve la ſource.
Sans elles, le mobile arrêté dans ſa courſe,
Languirait triſtement à la terre attaché.
Ce pouvoir inconnu, ce principe caché,
N'a pû ſe dérober à la Philoſophie,
Et la Morale enfin eſt ſoumiſe au génie.
Du globe où nous vivons Deſpote univerſel,
Il n'eſt qu'un ſeul reſſort, l'intérêt perſonnel;
A tous nos ſentimens, c'eſt lui ſeul qui préſide;
C'eſt lui qui dans nos choix nous éclaire &
      nous guide.
Libre de préjugés ; mais docile à ſa voix,
Le Sauvage attentif le ſuit au fond des bois.
L'homme civiliſé reconnaît ſon empire ;
Il commande en un mot à tout ce qui reſpire.

M. CARONDAS.

Quoi ! Monſieur, l'intérêt doit ſeul être écouté?

VALERE.

La Nature en a fait une néceſſité.

M. CARONDAS.

J'avais quelque regret à tromper Cydaliſe ;
Mais je vois clairement que la choſe eſt per-
      miſe.

VALERE.

La Fortune t'appelle, il faut la prendre au mot.

M. CARONDAS.

Oui , Monsieur.

VALERE.

La franchise est la vertu d'un sot.

M. CARONDAS , *se disposant à le voler.*

Oui , Monsieur.... mais toujours je sens quelque scrupule
Qui voudrait m'arrêter.

VALERE.

Préjugé ridicule ,
Dont il faut s'affranchir !

M. CARONDAS.

Quoi ! véritablement ?

VALERE.

Il s'agit d'être heureux, il n'importe comment.

M. CARONDAS.

Tout de bon ?

VALERE.

Mais sans doute, en flattant Cydalise,
Tu remplis un devoir que l'usage autorise.
Ne faut-il pas flatter quand on veut plaire aux
gens ?
Bien voir ses intérêts, c'est être de bon sens.

Le superflu des sots est notre patrimoine.
Ce que dit un Corsaire au Roi de Macédoine,
Est très-vrai dans le fond.

M. CARONDAS, *fouillant dans la*
poche de Valere.

Oui, Monsieur.

VALERE.

Tous les biens,
Devraient être communs ; mais il est des
moyens
De se venger du sort. On peut avec adresse
Corriger son étoile, & c'est une faiblesse
Que de se tourmenter d'un scrupule éternel.
Valere s'appercevant que Carondas veut le voler.
Mais que fais-tu donc là ?

M. CARONDAS.

L'intérêt personnel....
Ce principe caché... Monsieur... qui nous ins-
pire,
Et qui commande enfin à tout ce qui respire...

VALERE.
Quoi ! traître, me voler !

M. CARONDAS.

Non. J'use de mon droit,
Tous les biens sont communs.

VALERE.

Oui, mais fois plus adroit.

Il est certains malheurs auxquels on se ha-
zarde,

Lorsque l'on est surpris.

M. CARONDAS.

Monsieur, j'y prendrai garde.

VALERE.

Ceci, Monsieur Frontin, doit être une leçon;

Mais puisqu'il ne faut plus vous nommer de
ce nom,

Songez à me servir auprès de Cydalise.

Jusqu'ici, tout va bien; sa Fille m'est promise.

Vous savez là-dessus quels sont mes sentimens,

Ainsi continuez de flatter ses talens.

Vos termes de Collége ont produit des mer-
veilles;

Il faut de plus en plus étourdir ses oreilles,

De ce jargon savant qui vous a réussi.

Vous êtes sans Fortune, & vous pouvez ici

Vous faire un petit sort que j'aurai soin d'é-
tendre,

Si mes vœux ont l'effet que j'ai droit d'en attendre.

Adieu, soyez discret, je serai généreux.

SCENE II.

M. CARONDAS, *seul.*

MOn premier coup d'essai n'est pas des
    plus heureux.
Je suis encor trop loin d'atteindre mon mo-
    dele,
Et c'est au second rang que le Destin m'ap-
    pelle.

SCENE III.

CYDALISE, M. CARONDAS.

CYDALISE, *sans voir M. Carondas.*

ME voilà parvenue à m'en débarrasser.
Que l'oisiveté pèse alors qu'on veut penser !
Parmi tous ces fâcheux dont j'étais obsedée,
Je n'ai pas entrevû le germe d'une idée.
On ne peut à ce point outrager le bon sens ;
Mais il faut tout souffrir de Messieurs les parens.
      (*A M. Carondas.*)
Ah ! vous êtes ici. Bon ! prenez votre place.

Mon Livre va paraître , on attend la Préface,
Il faut y travailler. J'aurais voulu pourtant
Que nous euffions Valere.

M. CARONDAS.

Il me quitte à l'inftant ,
Et nous parlions de vous , Madame , avec
ivreffe.

CYDALISE.

Vous parliez de mon Livre ?

M. CARONDAS.

Il en parle fans ceffe.
C'eft , dit-il , un Brevet pour l'Immortalité ;
Vous allez éclipfer la docte Antiquité.
Je n'ofe avec le fien mefurer mon fuffrage ;
Mais l'admiration me prend à chaque page.

CYDALISE.

Vous en êtes content ?

M. CARONDAS.

Mon efprit s'y confond.
Votre Livre eft nourri d'un favoir fi profond
Que vous me feriez croire au Démon de So-
crate.

CYDALISE.

Vous vous y connaiffez.

M. CARONDAS.

Oui , Madame , on m'en flatte.

Mais apprenez-moi donc comment cela se fit ?
Il faut que vous sachiez tout ce qui s'est écrit.

CYDALISE.

Avec nombre de gens je me suis rencontrée,
Et c'est un pur hazard.

M. CARONDAS.

Vous êtiez inspirée.
Quoi ! vous n'avez pas lû le Savant *Vossius* ?

CYDALISE.

Non, jamais.

M. CARONDAS.

Casaubon ?

CYDALISE.

Encor moins.

M. CARONDAS.

Grotius ?

CYDALISE.

Point du tout. Sont-ce-là les Livres d'une
Femme ?

M. CARONDAS.

Ma foi, de plus en plus vous m'étonnez, Madame,
Quoi ! rien de tout cela ?

CYDALISE.

Non, rien, vous dis-je, rien.

M. CARONDAS.

Mais vous parlez des Loix mieux que Tribonien.

Oh ! pour Tribonien, convenez...
CYDALISE.
Je l'ignore.
M. CARONDAS.
Vous connaiffez du moins Thalès, Anaxa-
gore ?
CYDALISE.
Non.
M. CARONDAS.
Le Fils naturel ?
CYDALISE.
Pour celui-là, d'accord.
Ce font de ces écrits qu'il faut citer d'abord.
M. CARONDAS.
Je ne veux point ici m'ériger en Arbitre ;
Mais j'en aurais jugé, comme vous, fur le titre.
CYDALISE.
C'eft auffi mon avis, & je crois qu'en effet
Un Ouvrage excellent s'annonce au moindre
trait.
C'eft un je ne fais quoi... dont notre ame eft
faifie...
Cela fe fent. ...enfin c'eft l'attrait du Génie.
M. CARONDAS.
J'entens. C'eft à peu près la vapeur d'un ragoût
Qui réveille à la fois l'odorat & le goût.

CYDALISE.

Oui; la comparaison est pourtant trop vulgaire.

M. CARONDAS.

Elle est de Lycophron.

CYDALISE.

Ah ! c'est une autre affaire.
Venons à ma Préface. Allons, je vais dicter.
(*Après un silence & avec emphase.*)
Ecrivez. *J'ai vécu* *. Non, c'est mal débuter.
Effacez, *j'ai vécu.* Mettez-vous à votre aise.
(*Avec de l'aigreur.*)
Ah ! Monsieur Carondas , votre plume est
mauvaise.
(*Elle rêve.*)
J'ai vécu ne vaut rien.

M. CARONDAS.

Je m'en contenterais.
J'ai vécu, dit beaucoup !

CYDALISE.

Non , Monsieur , je voudrais
Un début plus pompeux & plus Philosophique.

M. CARONDAS.

Cette simplicité , Madame , est énergique.

CYDALISE, *rêvant.*

Non, non, je cherche un tour qui soit moins
familier.

---

* Commencement du Livre intitulé : *Considérations sur les Mœurs.*

(*Avec humeur.*)

On n'a jamais écrit fur de pareil papier.

Effacez donc, Monfieur ; votre encre eft détef-
table.   (*Elle rêve.*)

Je ne pourrai trouver un tour plus favorable !
(*Avec impatience.*)

Ah ! Valere, après tout, devrait bien être ici.

Je ne me fens jamais tant d'efprit qu'avec lui.
(*Elle rêve.*)

Quoi ! pas même une idée ? Ah ! je fuis au
fupplice.

M. CARONDAS.

Madame, le génie a fes jours de caprice,

Et ceci me rappelle un mot de Suidas,

Qui dit élégamment...

CYDALISE.

Hé ! Monfieur Carondas,

Laiffez les morts en paix. J'avais un trait fublime,   (*Elle rêve.*)

Qui m'échappe. Attendez... mais, oui ; ce
tour exprime...
(*Avec impatience.*)

Ecrivez. Non, la phrafe a trop d'obfcurité.

Je ne fentis jamais cette ftérilité.

Quel métier ! finiffons. C'en eft fait, j'y renonce.

L'Imprimeur attendra, portez-lui ma réponfe.
Non, revenez. Enfin je l'ai trouvé : j'y fuis.
Vîte, écrivez, Monfieur : *Jeune homme, prends*
*& lis *.*

Jeune homme prends & lis. Le tour eft-il unique?
Qu'en penfez-vous, Monfieur ?

M. CARONDAS.

Sublime, magnifique !
C'eft le ton du Génie & de la Vérité.

CYDALISE.

J'oublie en le lifant tout ce qu'il m'a coûté.
Jeune homme prends & lis ! il eft inimitable,
Et Valere en fera d'une joie incroyable.

M. CARONDAS.

D'un doux fremiffement vous vous fentez
troubler.
Jeune homme, prends & lis. L'oracle va parler;
La Nature à tes yeux ici fe manifefte.
Non, rien n'eft fi fublime, & pourtant fi mo-
defte.

CYDALISE.

Mais que nous veut Marton ?

---

* C'eft le début faftueux du Livre intitulé : *l'Interpré-*
tation de la Nature.

SCENE IV.

CYDALISE, MARTON, M. CARONDAS.

MARTON.

MADAME, c'eſt Damis,
Qui demande à vous voir.

CYDALISE.

Que ſon tems eſt mal pris !
J'allais finir ſans lui. L'importun perſonnnage!
On ne me permet pas d'achever un Ouvrage.

MARTON.

Valere achevera.

M. CARONDAS.

Qu'appellez-vous finir ?
L'Ouvrage eſt fait, Madame, à n'y plus revenir.
Je le donne en dix ans à nos plus grands génies.

CYDALISE.

Oui, vous avez raiſon. Faites-en vingt copies.
Ah ! je reſpire enfin, & j'ai ſû m'en tirer.
Jeune homme, prends & lis. Oui, Damis peut
entrer.

SCENE V.

SCENE V.

DAMIS, CYDALISE.

CYDALISE.

VOus voilà de retour ?

DAMIS.

Oui, je reviens, Madame,
Pour me plaindre de vous & vous ouvrir mon ame,
Je n'apperçois que trop, & c'est avec douleur,
Que j'ai perdu mes droits au fond de votre cœur,
Et que votre amitié s'est enfin ralentie ;
Mais la mienne jamais ne s'étant démentie,
Souffrez que je rappelle à votre souvenir
Un espoir que le tems ne dut pas en bannir.
Vous savez à quel point votre fille m'est chere ;
C'est votre aveu, du moins c'est celui de son pere,
Qu'en faveur de mes feux je réclame aujourd'hui,
Puisqu'enfin près de vous j'ai besoin d'un appui.

CYDALISE.

Le titre, je l'avoue, est assez légitime ;
Je conviens de mes torts, non pas que mon estime,
Ni que cette amitié qui m'attachait à vous,
Ne soient encor pour moi des sentimens bien doux,
Et c'est ce que d'abord on aurait dû vous dire :

C

Mais j'ai formé des nœuds dont le charme m'attire,
J'ai suivi trop longtems les frivoles erreurs
D'un monde que j'aimais. L'âge a changé mes
      mœurs,
Aujourd'hui toute entiere à la Philosophie,
Libre des préjugés qui corrompaient ma vie,
N'existant plus enfin que pour la vérité,
Je me suis fait, Damis, une société,
Peu nombreuse, il est vrai : je vis avec des Sages,
Et j'apprends à penser en lisant leurs ouvrages :
J'ai choisi l'un d'entr'eux pour ma fille, & ce soir,
Cette heureuse union doit combler mon espoir,
C'est à vous de juger si, quoique votre amie,
Je dois vous immoler le bonheur de ma vie.

D A M I S.

Non, pour votre bonheur je donnerais mes jours,
Et la même amitié m'inspirera toujours.
Mais quels sont donc enfin ces rares avantages
Attachés, dites-vous, au commerce des Sages.
Je ne prends point pour tels un tas de Charlatans,
Qu'on voit sur des tréteaux ameuter les passans,
Qui mettent une enseigne à leur Philosophie :
De tous ces importans ma raison se défie.
De ce vain appareil le Vulgaire est séduit.
Moi, je suis de ces gens qui font peu cas du bruit,
Et je distingue fort l'ami de la sagesse,
Du pédant qui s'enroue à la prêcher sans cesse.

CYDALISE.

Je fçais tout le mépris que l'on doit aux pédans,
Et ne les confonds pas avec les vrais Savans.
Epargnez-vous, Monfieur, cette fatyre amere,
Ceux que je peux nommer, Théophrafte, Valei e,
Dortidius enfin, font tous affez connus.....

DAMIS.

Je ne connais entr'eux que ce Dortidius.
Quoi ! Madame, il en eft ?

CYDALISE.

    D'où vient cette furprife ?

DAMIS.

Je l'ai connu, vous dis-je ; excufez ma franchife :
Apparemment qu'alors il cachait bien fon jeu ;
Mais ce n'était qu'un fot, prefque de fon aveu.
Quelqu'un me le fit voir, & malgré fa grimace,
Et les plats complimens qu'il vous adreffe en face,
Et le fucre apprêté de fes propos mielleux,
Je ne lui trouvai rien de fi miraculeux.
Malgré fon ton capable, & fon air hipocrite,
Je ne fus point tenté de croire à fon mérite,
Et je ne vis en lui pour le peindre en deux mots,
Qu'un froid enthoufiafme impofant pour les fots.

CYDALISE.

Ce jugement fait tort à votre intelligence,
Et ce Dortidius fait honneur à la France ;
Son nom chez les Savans fut toujours en crédit,

Et je ne fçais pourquoi tout le monde en médit.
Mais quittons ce propos. Ces rares avantages,
Dont je fuis redevable au commerce des Sages,
Je dois vous en parler & leur en faire honneur.
Peut-être, après cela, leur tiendrez vous rigueur.
N'importe, il faut du moins apprendre à les con-
  naître.
J'avais des préjugés qui dégradaient mon être;
Vainement ma raifon voulait s'en dégager,
L'habitude bientôt venait m'y replonger.
Les plus vaines terreurs me déclaraient la guerre,
Je croyais aux efprits, j'avais peur du tonnerre,
Je rougis devant vous de ces abfurdités,
Mais on nous berce enfin de ces frivolités,
Et leur impreffion n'en eft que plus durable.
Notre éducation, frivole, méprifable,
Loin de nous eclairer fur le vrai, ni le faux,
N'eft que l'art dangereux de mafquer nos défauts.
Mes yeux fe font ouverts, hélas ! trop tard peut-
  être !
A ces hommes divins, je dois un nouvel être.
Le hazard préfidait à mes attachemens,
J'étais aux petits foins avec tous mes parens,
Et les dégrés entre eux réglaient les préférences.
Cet ordre s'étendait jufqu'à mes connoiffances.
J'avais tous ces travers, beaucoup d'autres encor;
Enfin mes fentimens ont pris un autre effor.
Mon efprit épuré par la philofophie

Vit l'Univers en grand, l'adopta pour Patrie,
Et mettant à profit ma fensibilité,
Je ne m'attendris plus que fur l'humanité.
DAMIS.
Je ne fçais, mais enfin duffé-je vous déplaire,
Ce mot *d'humanité* ne m'en impofe guére,
Et par tant de fripons je l'entens répéter,
Que je les crois d'accord pour le faire adopter.
Ils ont quelque intérêt à le mettre à la mode.
C'eft un voile à la fois honorable & commode,
Qui de leurs fentimens mafque la nullité,
Et prête un beau dehors à leur aridité.
J'ai peu vû de ces gens qui le prônent fans ceffe,
Pour les infortunés avoir plus de tendreffe,
Se montrer, au befoin des amis, plus fervens,
Etre plus généreux, ou plus compatiffans,
Attacher aux bienfaits un peu moins d'impor-
     tance,
Pour les défauts d'autrui marquer plus d'indul-
     gence,
Confoler le mérite, en chercher les moyens,
Devenir, en un mot, de meilleurs citoyens;
Et pour en parler vrai, ma foi, je les foupçonne
D'aimer le genre humain, mais pour n'aimer per-
     fonne.
CYDALISE.
Vous en voulez beaucoup à cette humanité.
C iij

DAMIS.

On en abuse trop, & j'en suis révolté.
C'est pour le cœur de l'homme un sentiment trop
        Vaste,
Et j'ai vû quelquefois, par un plaisant contraste,
De ce systême outré les plus chauds partisans,
Chérir tout l'Univers, excepté leurs enfans.

CYDALISE.

En vérité, Monsieur, les Sages sont à plaindre,
Et vous êtes pour eux un adversaire à craindre.
Le siécle & la Patrie ont beau s'en applaudir,
Sur le bien qu'ils ont fait il vaut mieux s'étourdir,
Et servir d'interprete & d'organe à l'envie.

DAMIS.

Hé ! quel bien a produit cette Philosophie ?
Je ne découvre pas ces succès éclatans.
Je vois autour de moi de petits importans,
Qui , pour avoir un ton , enrôlés dans la Secte,
Pensent avoir perdu leur qualité d'insecte.
Se croyant une Cour & des admirateurs,
Pour le malheur des Arts , devenus protecteurs
Ne se réveillant pas aux traits de la satyre,
Et ne devinant rien à ces éclats de rire,
Dont en tous lieux pourtant on les voit poursuivis ;
Louant, admirant tout dans les autres Pays,
Et se faisant honneur d'avilir leur Patrie :
Sont-ce là les succès sur lesquels on s'écrie ?

CYDALISE.

J'admire vos raisons , elles sont d'un grand poids ;
Et vous me citez-là des exemples de choix ,
Bien dignes en effet d'appuyer votre cause.
Mais un abus jamais prouva-t-il quelque chose ?
Faudrait-il renoncer pour quelques importuns ? ..

DAMIS.

Madame , ces abus deviennent trop communs.
J'en prévois pour les mœurs d'étranges catastrophes,
Et je suis allarmé de tant de Philosophes.

CYDALISE.

Restez, Monsieur , restez dans votre opinion.
Il n'est point de reméde à la prévention ;
A penser autrement vous auriez du scrupule ,
Hé ! que peut la raison sur un esprit crédule !

DAMIS.

On croit avoir tout dit , Madame , avec ce mot.
Crédule est devenu l'équivalent de *sot* :
Aux yeux de bien des gens , du moins la chose est
    claire.
Pour moi, que ces gens-là ne persuadent guére ,
Et que leur ton railleur n'épouvanta jamais ,
J'ai mon avis , Madame , & si je leur déplais ,
J'en gémis, mais sur eux. Je crois ce qu'il faut croire;
J'ose le déclarer , je le dois , j'en fais gloire.
Ces Messieurs peuvent rire , & sans m'humilier :
Il faut bien leur laisser le droit de s'égayer.

C iv

Mais moi, j'ose à mon tour les trouver ridicules,
Et souvent la bêtise a fait des incrédules.

CYDALISE.

Voilà parler en Sage, & je vous applaudis ;
C'est très-bien fait à vous que d'avoir un avis.
Mais, sans nous égarer dans ces hautes matieres,
Je sais ce que je dois aux talens, aux lumieres,
De ces hommes de bien que vous persécutez.

DAMIS.

Ils vous ont donc appris de grandes vérités.
Je ne le croyais pas. Ils ont l'art de détruire,
Mais ils n'élevent rien, & ce n'est pas instruire.
Quel fruit attendez-vous de leurs vains argumens ?
Je n'en prévois que trop les effets affligeans.
Vous irez sur leurs pas de sophisme en sophisme,
Vous perdre dans la nuit d'un triste pyrrhonisme.
Ah ! renoncez, Madame, à ces perturbateurs ;
Ce sont eux que l'on doit nommer persécuteurs.
Abjurez une erreur qui vous est étrangère,
Et reprenez enfin votre vrai caractère.

CYDALISE.

Vous avez donc tout dit ? J'admire le bon sens,
Et la solidité de vos raisonnemens.
Dans un très-haut éclat votre mérite y brille ;
Mais j'ai pris mon parti. Vous n'aurez point ma fille.
Adieu, Monsieur.   (*Elle sort.*)

DAMIS.

Ah ! Ciel ! Je ne sçais où j'en suis ?

SCENE VI.

DAMIS, CRISPIN.

CRISPIN.

HE ! bien, cette démarche a-t-elle eu d'heureux
Fruits ?
Epousons nous, Monsieur ? Cydalise, sans doute.....

DAMIS.

Je viens de lui parler, Crispin : mais qu'il m'en
coûte !
Il me faut renoncer à cet hymen.

CRISPIN.

Comment ?

DAMIS.

Je suis congédié.

CRISPIN.

Quoi ! la . . . formellement ?

DAMIS.

Formellement, Crispin.

CRISPIN.

Comment ! nous sçavons plaire,
Monsieur, & nous serions éconduits par Valere !
N'est-il point de remede ?

DAMIS,

Oh ! je n'en vois aucun.

C v

CRISPIN.

Bon! vous n'y penfez pas: moi, j'en vois cent pour un.
Il faut tout fimplement enlever Rofalie.
C'eft le plus court.

DAMISE,

Crifpin, quel excès de folie !
Crois-tu qu'elle y confente, & la connaîs-tu bien
Pour me parler ainfi ?

CRISPIN.

Je goutais ce moyen ;
Mais puifqu'il vous déplaît, il faut dans cette affaire
Recourir au plus fûr. J'irais trouver Valere,
Et je voudrais, morbleu, lui parler fur un ton
A lui faire ce foir déferter la maifon.

DAMIS.

Ce ferait en effet le parti le plus fage ;
Mais Cydalife.

CRISPIN.

Hé ! bien ?

DAMIS.

N'y verra qu'un outrage,
Et c'eft précifément le moyen de l'aigrir,
Le fecret de me perdre, à n'en plus revenir.

CRISPIN.

Allons, c'eft donc à moi par une heureufe audace,
D'éclairer Cydalife, & de donner la chaffe
A tous ces difcoureurs qui lui gâtent l'efprit.
Auprès d'elle, a mon tour, j'aurai quelque crédit.

Et pour peu que Marton seconde l'entreprise ,
A la raison bientôt vous la verrez soumise.
D A M I S , *avec joie d'abord.*
Ah! Crispin … mais comment s'en reposer sur toi ?
C R I S P I N , *avec emphase.*
Je veux qu'elle balance entre Valere & moi.
Vous ne connaissez pas encor tout mon mérite ;
Vous voyez le Strabon d'un nouveau Démocrite.
D A M I S .
Toi ?
C R I S P I N .
Moi-même , Monsieur ; j'ai fait plus d'un métier :
Un Sage à ses travaux daigna m'associer ;
Et quelques jours mon nom eût été sur la liste ,
Du moins il m'en flattait , quand j'étais son Copiste.
D A M I S .
Comment ?
C R I S P I N .
J'avais déjà quelques admirateurs ;
Ah! qu'il m'a fait de tort en fuyant les honneurs ,
Pour vivre dans les bois ! je lui dois la justice
Qu'il ne connut jamais la brigue , l'artifice.
De sa Philosophie il étoit entêté ,
Au fond plein de droiture & de sincérité.
Animal à la fois Misanthrope & Cynique ,
C'étoit vraiment un fou dans son espece unique.
D A M I S .
Ah! puis-je l'écouter dans le trouble ou je suis ?
C vij

SCENE VII.

DAMIS, MARTON, CRISPIN.

MARTON.

ALLONS, Monsieur, il faut éclaircir ces ennuis;
Vîte, de la gaité.

DAMIS.
Comment! Que veux-tu dire?
MARTON.
Il faut d'abord, Monsieur, commencer par en rire.
CRISPIN.
Oui, rions, c'est bien dit.
DAMIS.
Je suis au défefpoir!
MARTON.
Bon! Vous n'y penfez pas, & vous voyez trop noir.
CRISPIN.
Mais je crois qu'en effet elle a quelque vertige.
MARTON.
Confolez-vous.

DAMIS.
Marton. . . . .

MARTON.
Consolez-vous, vous dis-je.
DAMIS.
Qu'est-il donc arrivé?
MARTON.
Vous l'apprendrez ; venez.
Qui, je vous mets au rang des Amans fortunés.

ACTE III.

SCENE PREMIERE.

DAMIS, MARTON, CRISPIN.

DAMIS.

JE ne peux revenir encor de ma surprise !
C'est donc ainsi, Marton, qu'ils trom-
    paient Cydalise ?

MARTON.

J'espère qu'à la fin elle entendra raison.

DAMIS.

Oh ! je n'en doute plus, ce billet est trop bon !
Que ne te dois-je pas pour cette découverte ?

MARTON.

L'heureux hazard, Monsieur, que cette porte ou-
    verte !
Ma foi, je le guettais, & depuis fort longtems

J'avais toujours bien dit qu'il était de leurs gens.
Je l'aurais affirmé.

CRISPIN.

C'est Frontin qu'il se nomme :
A ce nom-là d'abord j'aurais reconnu l'homme.

MARTON.

Mais qui se chargera de rendre cet écrit ?

DAMIS.

Toi.

MARTON.

Moi ? je me perdrais, Monsieur, dans son esprit.
Je n'oserai jamais.

DAMIS.

Marton. . . . .

MARTON.

A ma Maîtresse,
Un billet de ce stile ! oh ! non : point de faiblesse,
Il m'en coûterait trop.

DAMIS.

Mais . . .

MARTON.

Propos superflus,
Je ne le ferai pas.

DAMIS.

Ni moi.

CRISPIN.

Ni moi non plus.

MARTON.

C'eft que d'ailleurs il faut le rendre en leur préfence;
Ou nous ne tenons rien.

DAMIS.

Certainement.

CRISPIN.

Silence.

Cydalife, je crois, ne m'a jamais vû?

MARTON.

Non.

CRISPIN.

Et je fuis inconnu dans toute la maifon?

MARTON.

Oui.

CRISPIN.

Je veux à la fois m'introduire & lui plaire.
Donnez-moi ce billet, je prends fur moi l'affaire.
Allez, Monfieur, allez, je faurai vous fervir.

MARTON.

Mais vraiment j'entrevois qu'il pourra réuffir.

CRISPIN.

Je ne veux que Marton pour prix de mes fervices.
Que n'oferai-je pas fous de pareils aufpices?

MARTON.

On vient, c'eft l'affemblée, éloignez-vous tous
     deux.

DAMIS.

Je me fie à tes soins du succès de mes vœux.

MARTON.

Hé! vîte, éloignez-vous, de crainte de surprise.

SCENE II.

LES PHILOSOPHES, MARTON.

MARTON, *leur faisant une profonde révérence.*

JE vais vous annoncer, Messieurs, à Cydalise.

SCENE III.

LES PHILOSOPHES.

THÉOPHRASTE, *à Valere.*

HÉ ! bien, le mariage est enfin décidé ?

VALERE.

Oui, j'épouse ce soir. Le Notaire est mandé.

DORTIDIUS.

Parbleu, j'en suis ravi.

THÉOPHRASTE.

Que je t'en félicite !

DORTIDIUS.
Ma foi, cette fortune eſt dûe à ton mérite.
THÉOPHRASTE.
Oui, malgré le dépit de tous les envieux.
DORTIDIUS.
Dans le fond, tu pouvais eſpérer beaucoup mieux.
VALERE.
Meſſieurs.
DORTIDIUS.
Non je le penſe, & c'eſt ſans flatterie.
VALERE.
Vous voulez …
DORTIDIUS.
Nous ſavons honorer ton génie.
VALERE.
Ah ! tu me rends confus avec ces complimens.
DORTIDIUS.
Mais c'eſt la vérité.
VALERE.
Si j'avais tes talens,
Si je réuniſſais tes qualités ſublimes,
Ces éloges alors deviendraient légitimes.
THE'OPHRASTE.
Et la future enfin conſent donc ?
VALERE.
A regret ;
Mais que me fait à moi ſon déplaiſir ſecret ?

THE'OPHRASTE.

Sans doute, avec le tems tu la rendras docile.

DORTIDIUS.

Il faut que Rosalie ait le goût difficile.

VALERE.

Je ne sais quel Rival me dispute son cœur ;
Mais Cydalise au fond n'en a que plus d'ardeur.

DORTIDIUS, *en riant.*

Cydalise . . . conviens que la dupe est bien bonne.

VALERE.

Que mon hymen s'acheve, & je te l'abandonne.
Je mourais, si l'affaire eût traîné plus longtems,
Et jamais à ce point on n'excéda les gens.

DORTIDIUS.

Moi, ton hymen conclu, d'honneur, je me retire.

THÉOPHRASTE.

Ma foi, je quitte aussi ; le moyen d'y suffire !

(A Valere.)

Toi du moins, tu pouvais, animé par l'espoir,
Te faire une raison, t'ennuyer par devoir,
Et l'Amour . . .

VALERE, *riant.*

Oui, l'Amour ! c'est bien ce qui me tente !

DORTIDIUS.

Il épouse parbleu dix mille écus de rente.

VALERE, *à Théophraste.*

Quoi donc ! me trouves-tu le ton d'un Amoureux ?

Ce ferait à mon âge un ridicule affreux.
On revient aujourd'hui de cette erreur commune,
Et l'on fonge au plaifir , mais après la fortune.

THE'OPHRASTE.

Il a vraiment raifon.

DORTIDIUS.

Je penfe comme lui.

VALERE.

Aurais-je fans cela pu fupporter l'ennui
Qui m'obfédait fans ceffe auprès de cette folle ?
Eût-elle été Venus , j'aurais quitté l'idole.
Oh ! je ne donne pas dans de pareils travers.

THE'OPHRASTE.

On devrait l'avertir de réformer fes airs ;
Elle était autrefois moins difficile à vivre ,
D'où vient qu'elle a changé ?

VALERE.

Mais c'eft depuis fon Livre.

THE'OPHRASTE.

Quoi ! férieufement le fait-elle imprimer ?

VALERE.

Oui.

THE'OPHRASTE.

Si l'on n'y met ordre , il faudra l'enfermer.

DORTIDIUS.

Sais-tu bien qu'au befoin ce trait pourrait fuffire ,
Si tu penfais jamais à la faire interdire.

THÉOPHRASTE.

Connais-tu son discours sur les devoirs des Rois ?

VALERE.

Ah ! ne m'en parle pas, je l'ai relu vingt fois ;
Il fallait, à toute heure, essuyer cet orage.

DORTIDIUS, *sérieusement.*

Entre nous, cependant, c'est son meilleur ouvrage.
Le crois-tu de sa main ?

VALERE.

Bon ! tu veux plaisanter.

DORTIDIUS, *toujours sérieusement.*

Non, d'honneur ; il me plaît.

VALERE.

Et tu peux t'en vanter !

DORTIDIUS.

Je te dis qu'il est bien ; mais très-bien.

VALERE.

Tu veux rire.]
C'est une absurdité qui va jusqu'au délire.

DORTIDIUS.

Si j'en pensais ainsi, je le dirais très-bas.

VALERE.

Va, ton air sérieux ne m'en impose pas.

DORTIDIUS, *fâché.*

Enfin, Monsieur décide, & chacun doit se taire.

VALERE.

Mais au ton que tu prends, je t'en croirais le pere.

DORTIDIUS.
Hé ! bien , s'il était vrai …
VALERE.
Ma foi , tant pis pour toi.
DORTIDIUS , *plus fâché.*
Mais , mon petit Monsieur.
VALERE.
Je suis de bonne foi.
DORTIDIUS.
Je pourrais en venir à des vérités dures.
VALERE.
Toujours , quand on a tort, on en vient aux injures.
DORTIDIUS.
Vous me pouffez à bout !
VALERE.
Et j'en ris , qui plus eſt.
DORTIDIUS, *furieux.*
Ah ! c'en eſt trop enfin.
THÉOPHRASTE.
Hé ! Meſſieurs , s'il vous plaît…
DORTIDIUS.
Plaiſant original , pour me rompre en viſiere !
THÉOPHRASTE , *ſe mettant entr'eux.*
Meſſieurs , n'imitons pas les pédans de Moliere.
Permettez-moi tous deux de vous mettre d'accord.
VALERE.
Moi , j'ai raiſon.

THÉOPHRASTE, *à Valere.*
Sans doute.

DORTIDIUS.

Et moi, je n'ai pas tort.

THÉOPHRASTE, *à Dortidius.*
Vraiment non. Mais enfin on pourrait vous entendre,
Et déja Cydalise aurait pu nous surprendre.

DORTIDIUS.
L'estime qui toujours devrait nous animer . . . . .

THÉOPHRASTE.
Il n'est pas question, Messieurs, de s'estimer ;
Nous nous connaissons tous : mais du moins la prudence
Veut que de l'amitié nous gardions l'apparence.
C'est par ces beaux dehors que nous en imposons,
Et nous sommes perdus, si nous nous divisons.
Il faut bien se passer certaines bagatelles.
Tenez, on vient à nous. Oubliez vos querelles.

SCENE IV.

CYDALISE, LES PHILOSOPHES.

CYDALISE, *un Livre à la main.*

Pardon, si j'ai tardé ; je m'occupais de vous,
Et ce sont-là toujours mes momens les plus doux.

Aſſeyons-nous , Meſſieurs : Ah ! vous voilà, Valere?
On vient de m'apporter le projet du Notaire ,
Vous en ſerez content.

				V A L E R E.
						Le plus cher de mes vœux,
Vous le ſavez , Madame , en formant ces beaux
			nœuds ,
C'eſt d'affermir encor l'amitié qui nous lie.

				C Y D A L I S E.
Je vous dois le bonheur répandu ſur ma vie ,
Je m'acquite envers vous. Mais , Meſſieurs , à l'inſ-
			tant
Vous parliez avec feu. Quel ſujet important
Pouvait vout diviſer ? J'ai cru du moins entendre
Que l'on ſe diſputait.

			V A L E R E , *avec un peu d'embarras.*
				Il eſt vrai.

				C Y D A L I S E.
						Puis-je apprendre
Sur quoi vous diſſertiez avec tant d'intérêt ?

				V A L E R E.
Puiſqu'il faut l'avouer , vous en étiez l'objet.

				C Y D A L I S E.
Moi ?

				V A L E R E.
Vous. Cette chaleur en eſt le témoignage.

				C Y D A L I S E.

CYDALISE.

Quoi donc ?

VALERE.

Ah ! je ne puis en dire davantage.
Je ne fais point louer en préfence des gens.
Parlez, Meffieurs, parlez.

THÉOPHRASTE.

Tu permets ?

VALERE.

J'y confens

THÉOPHRASTE.

Dans les fiecles paffés on cherchait un génie,
Qu'on pût vous comparer. Je citais Afpafie,
Et Monfieur fe fâchait de la comparaifon.

VALERE.

Je la trouve choquante, & voici ma raifon.
Afpafie autrefois put briller dans Athene ;
Mais la Philofophie y fleuriffait à peine.
Tous les peuples frappés de fon éclat nouveau,
Durent fe profterner autour de fon berceau ;
Tout fut furpris alors. Des talens ordinaires
Brillaient à peu de frais, dans ces fiecles vulgares
Mais de nos jours l'efprit a fait tant de progrès ;
Il eft fi difficile, après tant de fuccès,
De fe mettre au niveau de ces hommes célebres,
Par qui la barbarie a vu fuir fes ténébres,
Que je ne puis fouffrir, fans me mettre en courroux,
Que l'on balance encore entre Afpafie & vous.

(A Théophrafte.)   D

Comparez donc les tems , & voyez où vous êtes.

THÉOPHRASTE.

Mais les comparaisons ne font jamais parfaites.

VALERE.

Allons , vous aviez tort.

THÉOPHRASTE.

Je le fens, j'en rougis.

CYDALISE.

N'allez pas là-deſſus demander mon avis ;
Je fais trop...

VALERE, *avec un ton de ſentiment.*

Nous ſavons que vous êtes ſublime.

DORTIDIUS.

Ce font nos fentimens ; mais comme il les exprime !
Il ſçait tout embellir.

CYDALISE, *vivement.*

Ah ! c'eſt la vérité.

VALERE, *lui baiſant la main.*

Vous me pardonnez donc cette vivacité ?

CYDALISE.

Je devrais le gronder, fon eſprit me déſarme ;
On ne peut y tenir, *& je ſuis ſous le charme.* *

DORTIDIUS.

Perfonne ne ſçait mieux ſe rendre intéreſſant.

VALERE.

Je vois que le génie eſt toujours indulgent.

* Voyez *le Fils naturel*, page 168 : je m'écriai preſque ſans le vou-
loir, *il eſt ſous le charme.*

CYDALISE.

Monsieur Dortidius, dit-on quelques nouvelles ?

DORTIDIUS.

Je ne m'occupe point des Rois, de leurs querelles :
Que me fait le succès d'un siége ou d'un combat ?
Je laisse à nos oisifs ces affaires d'Etat.
Je m'embarrasse peu du pays que j'habite,
Le véritable Sage est un Cosmopolite.

CYDALISE.

On tient à la Patrie, & c'est le seul lien...

DORTIDIUS.

Fi donc ! c'est se borner que d'être Citoyen.
Loin de ces grands revers qui désolent le monde,
Le Sage vit chez lui dans une paix profonde ;
Il détourne les yeux de ces objets d'horreur ;
Il est son seul Monarque & son Législateur ;
Rien ne peut altérer le bonheur de son être :
C'est aux Grands à calmer les troubles qu'ils font
     naître.

THÉOPHRASTE.

Il voit en philosophe, & c'est voir comme il faut.

CYDALISE.

On ne trouve jamais son esprit en défaut.

VALERE.

Madame, il a raison. L'esprit philosophique
Ne doit point déroger jusqu'à la politique.
Ces guerres, ces traités, tous ces riens importans,

S'enfoncent par dégrés dans l'abîme des tems.
Tout cela difparait au flambeau du génie,
Et fi l'on peut parler fans fauffe modeftie,
Excepté vous, & nous, je ne découvre rien
Qui puiffe être l'objet d'un honnête entretien.

CYDALISE.

Oui, véritablement, ce font-là des mifères.

THÉOPHRASTE.

Qu'il faut abandonner à des efprits vulgaires.

CYDALISE.

Je n'appellerai pas de votre autorité.
A propos, parle-t-on de quelque nouveauté ?

VALERE.

Nous n'en protégeons qu'une.

CYDALISE.

Un chef-d'œuvre, fans doute ?

VALERE.

C'eft une découverte, une nouvelle route,
Que l'un de nous, Madame, entreprend de tracer ;
Un genre où le génie a de quoi s'exercer.

CYDALISE.

Une Tragédie ?

VALERE.

Oui, purement domeftique, *
Comme nous les voulons.

CYDALISE.

Je craindrais la critique ;

___
* Voyez les Entretiens à la fuite du *Fils naturel.*

Contre les nouveautés elle a toujours raison ;
Et le Public …

VALERE.

Vraiment, il décide en oifon ;
Nous fçavons bien cela : mais nous ferons la guerre.

CYDALISE.

Je ne fçais, le vieux goût tient encore au Parterre.

VALERE.

Nous rifquons, il eft vrai, furtout les premiers jours ;
Mais nous ferons un bruit à rendre les gens fourds.
Nous avons des amis, qui de loges en loges,
Vont crier au miracle, & forcer les éloges ;
N'avons-nous pas d'ailleurs le fuccès des Soupés ?

CYDALISE.

Oui ; je n'y fongeais pas, & vous me détrompez.

VALERE.

Nous avons tant de gens qui pour nous fe dévouent,
Tant de petits Auteurs qui par orgueil nous louent,
Que je fuis affuré qu'avec un peu d'encens,
Nous leur ferions à tous abjurer le bon fens.

THÉOPHRASTE.

Ha, ha, ha, ha, ha, ha, c'eft la vérité pure.

VALERE.

Mais non, fans plaifanter, j'en ferais la gageure.

CYDALISE.

Et ce chef-d'œuvre enfin l'attendrons-nous longtems ?

VALERE.

Nous fommes occupés de foins plus importans.

D iij

CYDALISE.

Quoi donc ?

VALERE.

Certain Auteur dans une Comédie
Veut, dit-on, nous jouer.

CYDALISE.

L'entreprise est hardie.

DORTIDIUS, *avec feu.*

Nous jouer ! Mais vraiment, c'est un crime d'Etat ;
Nous jouer !

VALERE.

Nous sçaurons parer cet attentat.

CYDALISE.

Ah ! Le Public entier …

DORTIDIUS.

Nous pourrions nous méprendre,
Nous l'avons mal méné ; s'il allait nous le rendre…

CYDALISE.

Ah ! tous les Magistrats éleveraient la voix.

THE'OPHRASTE.

Nous nous sommes brouillés avec ces gens de loix.

CYDALISE.

Mais la Cour …

VALERE.

Ne prendra jamais notre querelle ;
Nous en avons agi lestement avec elle.

DORTIDIUS.

Vous verrez qu'il faudra dire un mot à l'Auteur.

THE'OPHRASTE.

Oui, du moins on pourrait essayer s'il a peur.

VALERE.

Le pis aller, Messieurs, c'est d'attendre l'orage,
Jusques-là, diffamons & l'Auteur & l'Ouvrage ;
Armons la main des sots pour nous venger de lui ;
Portons des coups plus sûrs en nous servant d'autrui.
Ne peut-on pas gagner des Acteurs, des Actrices ?
Nous aurons un parti jusques dans les coulisses.
Il faut de la cabale exciter les rumeurs,
Nous montrer, même en loge, aux yeux des specta-
       teurs.
Je connais le Public, nous n'avons qu'à paraître :
Il nous craint.

CYDALISE.

    C'est bien dit : qui le brave est son maître.
Mais notre Colporteur tarde bien à venir.
Il devrait être ici : qui peut le retenir ?

DORTIDIUS.

Peut-être qu'il attend.

CYDALISE.

      Il faut qu'on l'avertisse.

THE'OPHRASTE.

Le voici justement.

SCENE VI.

CYDALISE, LES PHILOSOPHES,
M. PROPICE.

CYDALISE.

Entrez, Monsieur Propice.
Avez-vous du nouveau ?

M. PROPICE.

Je ne cours pas après,
Madame. Avez-vous lû les *Bijoux indiscrets ?*
C'est une gaillardise assez philosophique,
Du moins à ce qu'on dit.

CYDALISE.

L'idée en est comique ;
Mais cela n'est plus neuf.

M. PROPICE.

Cela se vend toujours.

CYDALISE.

Passons.

M. PROPICE.

Connaissez-vous la *Lettre sur les sourds ?*

CYDALISE.

L'Auteur m'en fit présent.

DORTIDIUS.

Tout son mérite y brille.

M. PROPICE.

Vous ne voudriez pas du *Père de famille ?*
Cela n'est pas trop bon.

DORTIDIUS, *ironiquement.*

Vous vous y connaissez.

M. PROPICE.

Mais le Public le dit, & je l'en crois assez.
Pour *le Livre des mœurs*, je me souviens, Madame ,
De vous l'avoir vendu.

(*Il lit les titres.*)

Réfléxions sur l'Ame.

CYDALISE.

Voyons. Je les connais. Est-ce tout ?.

M. PROPICE.

Vraiment, non.

L'Interprétation de la nature.

CYDALISE.

Bon.

C'est un Livre excellent !

DORTIDIUS.

Sublime !

THÉOPHRASTE.

Nécessaire !

CYDALISE.

Je le garde ; quelqu'un m'a pris mon exemplaire.

M. PROPICE.

Ceci, c'est le *Discours sur l'inégalité.*

CYDALISE, *le prenant.*

Ah! je vais le relire avec avidité.
Quel est cet autre écrit .... là ...que je vois en tête?

M. PROPICE.

Madame, ce n'est rien; c'est le *Petit Prophete.*

CYDALISE.

Ah! ah! Je m'en souviens; il est très-amusant.

M. PROPICE.

Oui, c'est un badinage infiniment plaisant.
N'attendez-vous plus rien de mon petit service?

CYDALISE.

Non. Je retiens ceci. Bon jour, Monsieur Propice.

SCENE VI.

CYDALISE, LES PHILOSOPHES.

CYDALISE.

AH! Je relirai donc mon Livre favori.

VALERE.

Quoi! *l'Inégalité?* C'est bien le mien aussi.

THÉOPHRASTE.

Ce Livre est un thrésor; il reduit tous les hommes
Au rang des animaux, & c'est ce que nous sommes.
L'homme s'est fait esclave en se donnant des loix,

Et tout n'irait que mieux s'il vivait dans les bois.

CYDALISE.

Pour moi, je goûterais une volupté pure
A nous voir tous rentrer dans l'état de nature.

THE'OPHRASTE.

Les esprits dans l'erreur sont encor trop plongés,
Et l'on est retenu par tant de préjugés…!
Il est tant de sçavans qui n'en ont pas l'étoffe……!

CYDALISE,

Mais que nous veut Marton?

SCENE VIII.

CYDALISE, MARTON, LES PHILOSOPHES.

MARTON.

Madame, un Philosophe
Demande à vous parler.

CYDALISE.

Il se nomme?

MARTON.

Crispin,

CYDALISE.

Le nom est singulier.

DORTIDIUS.
Oui, parbleu !
CYDALISE.

Mais enfin.
Les noms ne prouvent rien : ah ! Ciel ! quelle
surprise !

SCENE IX.

CYDALISE, LES PHILOSOPHES, MARTON, CRISPIN.

CRISPIN, *allant à quatre pattes.*

MAdame, elle n'a rien dont je me formalise.
Je ne me régle plus sur les opinions,
Et c'est-là l'heureux fruit de mes réflexions.
Pour la Philosophie un goût à qui tout céde.
M'a fait choisir exprès l'état de quadrupéde :
Sur ces quatre piliers mon corps se soutient mieux,
Et je vois moins de sots qui me blessent les yeux.
CYDALISE, *à Valere.*
Il est original du moins dans son systême.
VALERE.
Mais il est fort plaisant.
MARTON.
Moi, je sens que je l'aime

CRISPIN.

En nous civilisant, nous avons tout perdu,
La santé, le bonheur, & même la vertu.
Je me renferme donc dans la vie animale ;
Vous voyez ma cuisine, elle est simple & frugale. *
On ne peut, il est vrai, se contenter à moins ;
Mais j'ai sû m'enrichir en perdant des besoins.
La fortune autrefois me paraissait injuste ;
Et je suis devenu plus heureux, plus robuste
Que tous ces Courtisans dans le luxe amollis,
Dont les femmes enfin connaissent tout le prix.
Prévenu de l'accueil que vous faites aux Sages,
Madame, je venais vous rendre mes hommages,
Inviter ces Messieurs, peut-être à m'imiter,
Du moins si mon exemple a de quoi les tenter.

CYDALISE.

Sçavez vous qu'on démêle, à travers sa folie,
De l'esprit ?

DORTIDIUS.

Mais beaucoup.

MARTON.

      Je dirais du génie ;
Et jamais Philosophe à ce point ne m'a plu.

THÉOPHRASTE.

C'est ce que nous cherchions ; un homme con-
  vaincu,
Qui plein de son système, & bravant la critique,

---

* Il tire une Laitue de sa poche.

Aux spéculations veut joindre la pratique.
CYDALISE.
Dans le fond, ce serait un homme à respecter ;
Mais par les préjugés on se sent arrêter.
CRISPIN.
Ma résolution peut vous sembler bizarre.
CYDALISE.
Vous donnez, à vrai dire, un exemple bien rare ;
Mais votre empressement ne peut qu'être flatteur ;
Vous êtes Philosophe, & même à la rigueur.
CRISPIN.
Je me suis interdit de consulter les modes ;
J'ai cru que des habits devaient être commodes,
Et rien de plus. Encor dans un climat bien chaud...
THE'OPHRASTE.
On juge ici, Monsieur, l'homme par ce qu'il vaut,
Et non par les habits.
CRISPIN.
C'est penser en vrai Sage.
CYDALISE.
Mais qui peut nous venir ?

SCENE X.

M. CARONDAS, CYDALISE,
LES PHILOSOPHES, CRISPIN,
MARTON.

M. CARONDAS, *fixant beaucoup Crispin &*
marquant de l'embarras.

J'AI rempli mon message ;
Madame ..... & le Notaire ... arrive en un moment.

CYDALISE.

Qu'avés vous ?

M. CARONDAS, *montrant Crispin qui*
se cache un peu derriere Cydalise.

Quel est donc cet animal plaisant ?

CYDALISE.

C'est un grand Philosophe, il sera de la fête.

CRISPIN.

En vérité ... Madame ...

M. CARONDAS, *à Valere.*

Ah ! la maudite bête !
Nous sommes découverts.

VALERE.

Hé ! comment !

M. CARONDAS.

C'eſt Criſpin ,
Le valet de Damis.

CRISPIN, *ſe relevant,*

Hé! oui , M. Frontin:
Parlez haut ; oui, c'eſt lui.

CYDALISE.

Quel eſt donc ce miſtére ?

CRISPIN, *en montrant Valere.*

Le valet de Monſieur eſt votre Sécretaire ,
Et je me ſuis ſervi de ce déguiſement ,
Pour remettre en vos mains un billet important ,

(*Montrant M. Carondas*)

Surpris chez ce fripon.

CYDALISE, *ouvrant le billet ,*

Je connais l'Ecriture ;

(*A Valere.*)

C'eſt la vôtre , Monſieur.

CRISPIN.

Liſez , je vous conjure.

VALERE, *aux Philoſophes.*

Ah! nous ſommes perdus !

CYDALISE *lit haut , mais d'une voix altérée , & qui s'affaiblit peu à peu.*

» JE te renvoye, mon cher Frontin, ce recueil d'imperti-
» nences que Cydaliſe appelle ſon Livre. Continue de flatter
» cette folle , à qui ton nom ſavant en impoſe. Théophraſte ,

» & Dortidius viennent de me communiquer un projet ex-
» cellent qui achevera de lui tourner la tête, & pour le
» succès duquel tu nous feras nécessaire. Ses Ridicules, ses
» travers, ses . . . . .

CRISPIN.

Elle baisse la voix ,
Et n'ira pas plus loin, à ce que je prévois.

M. CARONDAS.

Ah ! traître de Crispin !

DORTIDIUS, *à Valere.*

L'aventure est fâcheuse,
Mais nous y sommes faits.

VALERE, *bas.*

Quelle disgrace affreuse!
Que lui dire ? Sortons.

CYDALISE.

Lisez, Monsieur, lisez ;
Et justifiez-vous après , si vous l'osez.
De vos séductions j'étais donc la victime !
Et mes yeux font ouverts fur le bord de l'abîme !
Que vous avais-je fait pour me traiter ainsi ?
Allez, & de vos jours ne paraissez ici.
Votre confusion suffit à ma vengeance .
Ingrats ; d'autres peut-être auront moins d'indul-
gence.
C'est le dernier espoir de mon cœur outragé :

VALERE, *furieux.*

Ah ! malheureux !

M. CARONDAS.

Voilà notre congé.

(*Ils sortent.*)

CYDALISE.

Les cruels, à quel point ils m'avaient prévenue !

SCENE DERNIERE.

DAMIS, ROSALIE, CYDALISE MARTON, CRISPIN.

CYDALISE.

Venez, Damis ; venez, je sens que votre vûe
Me rappelle l'excès de mon aveuglement.

DAMIS.

Les voilà démafqués, l'erreur n'a qu'un moment.
Ils font affez punis de n'être plus à craindre,
Et ce n'eft plus à vous, Madame, de vous plaindre.

CYDALISE.

A ces homme pervers j'avais facrifié
Les devoirs les plus faints, & même l'amitié.
Vous êtes bien vengé ! Ma chère Rofalie,
Je reconnais mes torts, que ton cœur les oublie ;
Je les répare tous en te donnant Damis.

DAMIS.
Vous trouverez en moi les sentimens d'un fils.
ROSALIE.
Tous mes vœux sont remplis , le Ciel me rend ma
mere.
CRISPIN.
Moi, j'épouse Marton pour terminer l'affaire.
MARTON, *au Public.*
Des sages de nos jours nous distinguons les traits :

Nous démasquons les faux, & respectons les vrais.

FIN.

J'AI lû par l'ordre de Monseigneur le Chancelier *Les Philosophes, Comédie* ; je crois que l'on peut en permettre l'impression. A Paris, ce 10 Mai 1760. CREBILLON.

Le Privilége & l'enregistrement se trouvent au Nouveau Recueil des Piéces de Théâtre François & Italien.

CATALOGUE DES THEATRES

Nouveaux ou nouvellement réimprimés en 1760.
Qui se trouvent chez Duchesne, Libraire, Rue S. Jacques.

Œuvres de Piron, 3 vol *in-12.* belles figures, dont les desseins sont de M. Cochin.   9 l.

Œuvres de Boissi, *in-8.* 9 vol. nouvelle édition,   36 l.

De Marivaux, Théâtre Franç. & Ital. *in 12* 5. vol.   15 l.

Théâtre édifiant, ou Tragédies saintes de M. Duché.   3 l.

Théâtre, & autres Œuvres de Fagan, *in-12.* 4. vol.   10 l.

Théâtre de V***, *in-12.*   3 l.

Théâtre de la Grange, *in-8.*   3 l.

Théâtre de Romagnesi, & Riccoboni, 1 vol. *in-8.*   3 l. 10 s.

Théâtre d'Avisse, *in-8.* 1 vol.   4 l. 10 s.

Théâtre de Guyot de Merville, *in-8.* 1 vol   3 l. 10 s.

Théâtre de Pesselier, *in-8* 1 vol.   4 l. 10 s.

Théâtre de l'Affichard, *in-8.* 1 vol.   4 l. 10 s.

Théâtre & Œuvres de M. Favart, avec toutes les Musique, 6 vol. *in-8.*   30 l.

Le Recueil des Airs des Nymphes de Diane, d'Acajou & de Cythere assiégée, dn même Auteur, 1 vol. *in-8.* 6 l.

Œuvres de Vadé, ou Recueil des Opéra Comiques & Parodies, avec les airs notés, 4 vol *in 8.*   20 l.

Nouveau Théâtre de la Foire ou recueil de Piéces qui ont été représentées sur le Théâtre de l'Opera-Comique depuis son rétablissement, 4 vol. *in-8.* avec les air notés.   20 l.

Nouveau Théâtre François & Italien, ou Recueil des meilleures Pieces de différens Auteurs, représentées depuis quelques années, 4 vol. *in-8.*   20 l.

Choix de nouvelles Pieces qui ont été représeetées aux Théâtres François & Italien depuis quelques années, 6 vol. *in-12.*   18 l.

Le Théâtre d'Apostolo Zeno, traduit de l'Italien 2 vol. *in-12.* 1758.   5 l.

Théâtre Bourgeois, ou Recueil de pieces représentées sur des Théâtres particuliers, *in-12.*   3 l.

Théâtre de Campagne, ou les Débauches de l'esprit, 1 vol *in-8.*   4. l. 10 s.

Théâtre Anglois Comique, *sous presse.*

Théâtre de Rotrou, *sous presse.*

Théâtre de Pelegrin, *sous presse.*

Les Spectacles de Paris, ou le Calendrier Historique & Cronologique de tous les Théâtres, neuvieme Partie pour 1760. Chaque Partie se vend séparément.   1 l. 4 s.

Histoire du Théâtre de l'Académie Royale de Musique en France, depuis son établissement jusqu'à présent, nouvelle édition considérablement augmentée 1 vol *in-8.* 1757.   5 l.

Suite des Théâtres par assortiment.

Le Théâtre François, ou Recueil des meilleures piéces de l'ancien Théâtre, *in-12.* 12 vol. — 36 l.
Théâtre de M. Voltaire, 5 volumes *in-12.* — 15 l.
De Moliere, 8 volumes *in-12.* — 16 l.
De Racine, 3 volumes, *in-12.* — 6 l. 10 f.
De Crébillon, 3 volumes *in-12.* — 7 l.
De Campiftron, 3 volumes *in-12.* — 6 l. 10 f.
De Regnard, 2 volumes *in-12.* — 6 l.
De Campeflé, 2 volumes *in-12.* — 5 l.
De Pradon, 2 volumes *in-12.* — 5 l.
Ce la Fofle, 2 volumes *in-12.* — 4 l. 10 f.
De la Fond, 1 volume *in-12.* — 2 l. 10 f.
De Poiflon, pere, 2 volumes *in-12.* — 5 l.
De la Thuillerie, 1 volume *in-12.* — 2 l. 10 f.
Théâtre Lyrique, *in-12.* — 2 l.
De la Grange-Chancelle, 5 volumes *in-12.* — 10 l.
De le Grand, 4 volumes — 10 l.
De Dancourt, 8 volumes. — 20 l.
De Baron, 3 volumes *in-12.* — 7 l. 10 f.
D'auteroche, 3 volumes *in-12.* — 7 l. 10 f.
De Bourfaut, 3 volumes *in-12.* — 7 l. 10 f.
De Monfleury, 3 volumes *in-12.* — 7 l. 10 f.
De Quinault, 5 volumes *in-12.* — 12 l. 10 f.

L'Amufement des Dames, ou Recueil de Menuets, Contre-Danfes, Vaudeville, Rondes de table, 10 parties, 1. vol. *in-8.* — 12 l.

La Toilette de Vénus dreflée par l'Amour, contenant des Menuets, Contre-Danfes, Vaudevilles, 10 parties, vol. *in-8.* — 12 l.

Le Pafle-tems agréable & divertiflant, Vaudevilles, Rondes de Table, Duo, Brunettes & autres, 10 parties, 1 vol. *in-8.* — 12 l.

Les Deflers des petits Soupers de Madame de... 10 parties 1 vol. *in-8.* — 12 l.

L'Année Muficale, contenant un Recueil de jolis airs, Parodies, en 20 parties, formant 2 vol. *in-8.* — 24 l.

Les Mille & une Bagatelle, 28 parties — 33 l. 12. f.

Les Thémireïdes, ou Recueil d'airs à Thémire, 3. parties. — 3 l. 12 f.

Amufemens Champêtres, ou les avantures de Cythere, Chanfons nouvelles à danfer, 2 parties — 2 l. 8 f.

Recueils d'Airs & Menuets, Contre-Danfes, Parodies, chantés fur les Théâtres de l'Académie Royale de Mufique, & de l'Opera Comique, 17 parties, chaque partie fe vend féparement, — 1 l. 4 f.

Recueils des Menuets, Contre-Danfes & Vaudevilles chantés aux Comédies Françoifes & Italienne, 13 parties. — 15 l. 12 f.

Le Troc , Parodie des Troqueurs, avec toute la Musique. 3 l. 12 f.
Airs choisis des Troqueurs, 1 l. 4 f.
La Musique de la Pipée. 1 l. 10 f.
Ariettes du Medecin d'Amour. 2 l. 8 f.
Ariettes de l'heureux déguisement. 2 l. 8 f.
Ariettes de la Bohemienne de la Coméd. Ital. 2 parties. 3 l. 12 f.
Airs choisis de la Bohemienne de l'Opéra Comique, 1 l. 4. f.
Ariettes du Chinois. 2 l. 8. f.
La Musique de la Fille mal gardée. 1 l. 16 f.
Vaudevilles & Ariettes des Indes dansantes. 1 l. 4 f.
Vaudevilles & Ariettes de Raton & Rosette. 1 l. 10 f.
Vaudevilles d'Omphale , & de Bastien & Bastienne. 1 l. 4 f.
Ariettes de Ninette à la Cour , 4 parties. 6 l. 18 f.
Ariettes de Blaise le Savetier. 1 l. 4 f.
Musique de la soirée des Boulevards. 1 l. 4 f.
Ariettes de l'Yvrogne corrigé, 1 l. 4 f.
Les Vaudevilles & Ariettes du Ballet des Savoyards. 1 l. 4. f.
Musique des Airs d'Acajou , avec le Trio. 2 l. 8 f.
Musique des Nymphes de Diane. 2 l. 8 f.
Musique de Cythere Assiégée. 1 l. 16 f.
Le Recueil de Chansons de M. Vadé , Notées 1 l. 4 f.
Les Desserts des petits Soupers agréables , avec le Postillon sans chagrin. 1 l. 4. f.
Menuets nouveaux en Concerto , Contre-Danses. 4 parties. 1 l. 12 f.
Les Loix de l'Amour , ou Recueil de différents Airs , 3 parties. 3 l. 16. f.
Amusemens en Duo , pour les Vielles, Musettes , Hautbois , Violons , Flutes , 6. parties. 7 l. 4 f.
Cantatille nouvelle des Talens à la mode , de M. de Boissi. 1 l. 4 f.
Choix de différents morceaux da Musique , 2 parties. 2 l. 8 f.
La Folie du jour , ou les Portraits à la mode. 12 f.
L'Yvrogne corrigé , par M. de la Ruette , avec la partition , *in-folio.* 9 l.

Le volume se vend 12 livres , & le cahier 24 sols ; le tout séparément.

Les Enforcelés , ou Jeannot &
  Jeannette.
La Nôce interrompue.
La Fille mal gardée , Parodie.
Ariettes de la Fille mal gardée.
La foirée des Boulevards.
La Mufique de la Soirée.
Petrine ; Parodie de Proferpine.
  Pieces de l'Opéra-Comique,
La Servante juftifiée.
Les Barteliers de S. Cloud.
La Coquette fans le fçavoir.
Théfée , Parodie.
Cythere affiégée.
Mufique de Cythere affiégée.
L'Amour au Village.
Les jeunes Mariés.
Des Nymphes de Diane.
Mufique des Nymphes de Diane.
L'Amour impromptu , Parodie.
Le Mariage par efcalade.
La répétition interrompue . Op.
  Comique.
Don Quichote , Opéra.
La Coquette Trompée , Opéra.
Le Retour de l'Opéra Comique.
Le Départ de l'Opéra-Comique.
Le Bal Bourgeois.
La reffource des Théâtres.
    De M. VADE.
  La Fileufe , Parodie.
Le Poirier , Opéra Comique.

Le Bouquet du Roi.
Le Suffifant.
Les Troqueurs & le Rien , Pa-
  rodie.
Airs choifis des Troqueurs.
Le Trompeur trompé.
Il étoit tems , Parodie.
La Nouvelle Baftienne , avec la
  Fontaine de Jouvence.
Les Troyennes de Champagne.
Jerôme & Fanchonnette, Paftor.
Le Confident heureux.
Follette ou l'Enfant gâté.
Nicaife , Opéra Comique.
Les Racoleurs , Opéra Comique.
L'Impromptu du cœur.
Le mauvais Plaifant , Opéra C.
La Canadienne , Comédie.
La Pipe caffée , Poëme.
Les Bouquets Poiffards.
Les Lettres de la Grenouillere.
Œuvres poftumes , faifant le
  Tome quatriéme , contenant
  les Amans conftans jufqu'aux
  trépas , des Fables & Contes,
  des Chanfons avec la Mufi-
  que , &c.
La Veuve Indécife, Opéra-Com
La Folie raifonnable , Opéra C
Le Serment inutile , Comédie.
Le Faux ami , Comédie.
Le Dupe de fa Rufe , Comédie.

OUVRAGE PÉRIODIQUE.

*L*E *Confervateur , ou Collection de Morceaux rares , & d'Ou-*
vrages anciens & modernes , imprimés , ou manufcrits , éla-
gués , traduits & refaits en tout ou en partie. 14 volumes in-12
pour la foufcription 24 livres , & pour le port de ceux qui font
envoyés en Pruvince à raifon de 6 fols par volume.

Les volumes fe vendent féparément aux perfonnes qui n'ont pas
foufcrit , 2 livres. Le volume de Mai vient de paroître avec beau-
coup de fuccès.